SAURAS-TU T'ÉCHAPPER ?

ESCAPE

UNE AVENTURE DE PLAYMOBIL

Écrite par Fabien Fernandez

Glénat jeunesse

www.glenat.com
Couvent Sainte-Cécile – 37, rue Servan – 38000 Grenoble
Auteur : Fabien Fernandez
Maquette : Véronique Vagneur
Dépôt légal : juillet 2019

Loi n°49956 du 16 juillet 1949 sur les publications destinées à la jeunesse. Tous droits réservés.

Achevé d'imprimer en Espagne en juin 2019 par Graficas Estella,
sur papier provenant de forêts gérées de manière durable.

ESCAPE

Prisonnier du monde PLAYMOBIL !

Sauras-tu t'échapper ? Tourne vite la page pour commencer l'aventure !

COMMENT ÇA MARCHE ?

Deux rabats avec :

Une carte pour te repérer

Des objets pour progresser dans l'histoire

Pas besoin de papier ni de crayon !

LANCE-TOI AVEC CETTE

Tacos à la

Quand tu as croisé ton ami Charlie à l'école, il t'a parlé de la façon dont il a été transformé en jouet et de son incroyable aventure dans le monde PLAYMOBIL. Ça avait l'air amusant, mais tu lui as bien signifié que tu savais que ce n'était qu'une histoire.

– C'est réel ! La preuve : ma sœur a même des coups de tampons PLAYMOBIL sur son passeport ! s'est-il exclamé.

Tu as secoué la tête. Alors, il t'a glissé à l'oreille :

– Tu n'as qu'à emmener ton Playmo' préféré à l'expo PLAYMOBIL et tu verras bien que je dis la vérité.

Cette idée t'a trotté dans la tête un moment et, quand ta maman t'a proposé de visiter l'exposition PLAYMOBIL, tu as crié un énorme « OUI ! ». En plus du plaisir de voir tes univers préférés, tu t'es dit que ce serait l'occasion de prouver à Charlie qu'il mentait…

Face à l'affiche de l'entrée, tu ne tenais déjà plus en place. Aussi, quand ta mère a rencontré une amie, tu n'as pas hésité.

– On se rejoint dans la grande salle, maman.

– D'accord, à tout de suite !

Tu y as foncé. Personne ! Tu t'es approché de la mise en scène grouillante de jouets. Tous les univers Western, Romain, Conte de fées, Pirate, Espion étaient bien là.

romaine !

– Aucune trace de magie, as-tu précisé à ta figurine.

WOUF ! Tourbillon et lumière. Tu te sens aspiré…

Soudain, tu te trouves sur le bord d'une route au milieu d'un désert. Incroyable : tu es à l'intérieur du monde PLAYMOBIL ! Vraiment ? Le passage d'un troupeau de tricératops te le confirme… L'instant suivant, un camion rouge s'arrête devant toi et un homme en short bleu et chemisette à fleurs se penche à la vitre.

– Salut ! Je m'appelle Del. J'ai déjà vu une personne dans ta situation. Tu es perdu, c'est ça ?

Il ne te laisse pas le temps de répondre.

– Je t'emmène, si tu veux. Tu connais peut-être Charlie ?

Charlie disait donc la vérité… C'est fou ! Sonné, tu montes dans la camionnette et, cette fois, tu le coupes avant qu'il ne parle :

– C'est mon ami. Euh, tu peux m'indiquer la sortie du, euh… monde PLAYMOBIL ?

– Pas de problème, mais j'ai d'abord besoin d'aide pour la préparation de mes tacos à la romaine.

Pour savoir ce dont Del a besoin, rends-toi **page 1**.

ESCAPE

LIVRET D'AVENTURE

2

AVENUE PRINCIPALE

Del redémarre sur cette grande route au milieu du désert.

– Un copain de Charlie, super ! reprend-il. Si ça te dit, on fait un marché : tu trouves les quatre ingrédients dont j'ai besoin pour préparer mes tacos à la romaine, et je t'emmène chez un ami qui connaît la sortie. Ça te va ?

Tu hésites. Le camion a un soubresaut et vous voilà maintenant sur une piste de terre passant entre deux cactus. Mais, finalement, tu n'as pas le choix. Puis, tu réalises que tu es véritablement dans le monde des PLAYMOBIL. En fait, c'est génial… Tu vas vivre ta propre aventure !

4

– C'est d'accord ! Qu'est-ce qu'il te faut ?

– Je vais d'abord te déposer à l'entrée de la ville pour que tu récupères des haricots rouges et les épices qui vont avec. Ensuite, on se rejoint à la sortie de Constantinopolis, où tu dégotteras du fromage et des tomates. C'est bon pour toi ?

– Évidemment, dis-tu fièrement.

Le camion pile à l'entrée d'une ville de cow-boys. Tu descends. Juste avant de redémarrer, Del se penche à la fenêtre.

– Au fait, j'ai oublié de te dire que cette mission est extrêmement importante : on ne plaisante pas avec Glinara, celle qui veut goûter mes tacos. Voici une tablette avec toutes les informations dont tu as besoin sur les objets et les lieux du coin. Dès que tu as

3

2

un doute, consulte-la. Allez, à tout à l'heure, à la sortie de Constantinopolis !

Le camion laisse un nuage de poussière en partant. Tu te rends compte que… tu ne sais absolument pas comment récupérer les ingrédients ! Mais tu n'as pas le choix : Del compte sur toi, et tu as besoin de lui pour sortir d'ici.
Tu pénètres dans la ville sous le regard mauvais d'un joueur de banjo. Tu dépasses une grange d'où jaillit un hennissement de cheval.

Tu débouches sur l'avenue principale avec, face à toi la grande banque, à gauche le bureau du shérif où un mot est collé sur la porte : « Parti à la poursuite de bandits, je reviens dans un moment ! » et, à droite, l'épicerie sur la vitrine de laquelle trône une affiche « Vente d'épices ».

Pour dénicher les ingrédients, tu peux soit regarder le plan qui se trouve en haut des pages du livret d'aventure, et qui montre les lieux à visiter renvoyant à des numéros de page, soit regarder les flèches en bords de page, qui indiquent les numéros des zones où tu peux te rendre. Durant l'aventure, en

3

fonction de ton avancée, il te sera proposé soit de te rendre à une page précise, soit de revenir au plan pour choisir une destination.

Au fil de l'aventure, tu trouveras des objets que tu pourras utiliser pour résoudre des situations compliquées. Si ces objets peuvent t'être utiles, ils apparaîtront en gras dans le texte. À toi de réfléchir à la façon dont tu peux l'utiliser, seul ou en le combinant avec un autre objet.

Si tu ne sais plus lesquels tu as trouvés ou à quoi ils peuvent servir, tu peux te rendre n'importe quand dans l'inventaire, **page 25**. Et si tu as besoin d'indices, rappelle-toi que la tablette donnée par Del renferme des informations sur les univers. Tu peux la consulter **page 27**.

Une dernière chose : pour ne pas te perdre dans cette mini-aventure, n'utilise que les numéros de page qui sont en blanc. Ceux dans une autre couleur renverront à la grande aventure vers les autres mondes PLAYMOBIL.

C'est parti ! Regarde le plan ou les flèches en bords de page et choisis ta prochaine destination.

4

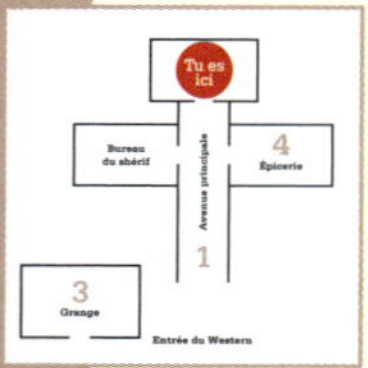

BANQUE

Tu marches jusqu'au bout de l'avenue principale sous le regard sombre des quelques habitants, dont un vieux cow-boy appuyé sur une canne, avec une pipe au coin de la bouche. Tu finis par pousser la porte de la banque.

– Personne ne relève la tête ! ordonne un bandit au chapeau baissé avec un foulard remonté qui cache son nez.

Son complice et lui te tournent le dos. Le premier, qui porte un gilet noir, tient un sac d'or dans une main. Le second porte deux paquets de haricots dans les bras. Tu es en plein cambriolage !

Rapide analyse de la situation : un client se cache à l'ombre d'un pilier, la banquière se dissimule sous le guichet, et derrière toi, il y a une **grande barre en métal** qui sert à verrouiller la porte. Soudain, tu as une idée : pointer la **barre en métal** dans le dos du **chef des bandits** et prendre une grosse voix pour imiter le shérif. Consulte le livret d'actions en **page 14** pour voir si ça fonctionne.

1

2

GRANGE

Tu franchis la porte de la grange, dans laquelle une grande **jument** est attachée. Il y a des bottes de **foin frais** et une de **foin rose**, dont pend une étiquette indiquant « Ferme des fées ».
La **jument** hennit amicalement en t'apercevant.
Tu t'approches, assez intimidé.

La monture est calme. Tu pourrais grimper dessus pour t'en aller vers Constantinopolis, mais il faut d'abord que tu récupères les épices et les haricots pour les tacos de Del, car tu ne pourras pas revenir ici ensuite. Si tu as tout ce qu'il te faut, vas-y ! Sinon, reporte-toi au plan pour explorer un autre lieu.
Attention, ne lis pas la suite si tu n'as pas encore trouvé les haricots et les épices !

Tu montes sur son dos, mais la **jument** te lance un regard blasé. Il faudrait lui offrir de quoi la motiver à partir pour un si long voyage. Que lui proposes-tu ?

→ 1

Épicerie

DING ! DING ! La clochette de la porte de l'épicerie tinte. Un grand rayonnage propose des boîtes de conserve et des bocaux de légumes. Au milieu, il y a des sacs de farine et de céréales. Enfin, au comptoir, se trouve une caisse à côté de laquelle des sachets d'épices et un petit tas de coupons déjà utilisés sont entassés. Tu en lis un : « Votre bon-cadeau pour un sachet d'épices. » Super ! Tu sais déjà où se trouve un des ingrédients ; il ne te reste plus qu'à dénicher de quoi le payer.

– Je n'ai plus rien ! Laissez-moi… s'exclame le marchand en te voyant. Ah, mais, tu n'es pas un bandit ?

– Non, je suis venu chercher des épices.

Si tu n'as pas encore récupéré d'épices et que tu as de quoi payer, lis le paragraphe après la frise. Sinon, reprends ton exploration.

Tu possèdes maintenant un **bon-cadeau** ou une **pièce** pour payer les **épices** : assemble ces objets pour voir si ça suffit. Dans tous les cas, l'épicier regarde par la fenêtre avant de te fixer, dans l'ombre de son étagère.

1 ←

– Pourquoi les habitants te cherchent-ils ?

– Ils pensent que j'ai volé leur or, mais ce n'est pas vrai.

– Ils vont finir par se calmer, te rassure-t-il.

– Mais je dois rejoindre Constantinopolis et je ne sais pas comment m'y rendre.

– Le meilleur moyen de partir, c'est à dos de cheval. Dommage, j'ai prêté le mien au shérif, car le sien est malade. En tout cas, si tu dégottes une monture, n'hésite pas à lui donner à manger : je crois qu'on a d'ailleurs reçu en ville une livraison de foin de la Ferme des fées…

As-tu une idée de l'endroit où tu pourrais trouver un cheval ?

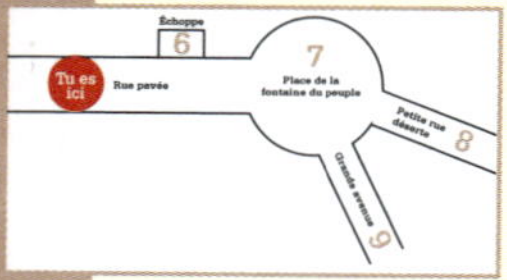

6

Rue pavée

Tu survoles la mer, puis un port où des navires sont accostés, avant que la jument ne pique vers le sol, les ailes grandes ouvertes pour ralentir la descente. Après trois « cataclop », elle s'arrête. De chaque côté de cette rue pavée, il y a des échoppes avec des auvents colorés et des personnes aux fenêtres regardant le héros qui vient d'arriver à dos de Pégase : toi !

7

Mais il te faut rester concentré sur la mission de Del : trouver du fromage et des tomates. Tu mets pied à terre. Ta monture frotte son chanfrein contre toi en guise d'au revoir et disparaît dans les cieux.

Aide-toi du plan de Constantinopolis et des flèches en bords de page pour choisir ta prochaine destination.

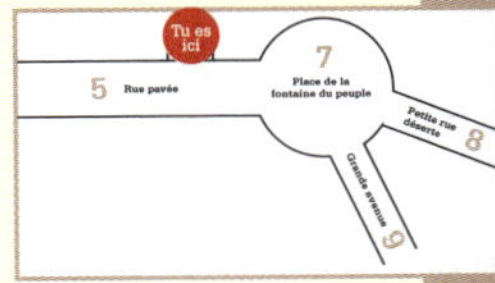

Échoppe

Le marchand te regarde avancer, très impressionné : tu viens de descendre d'un animal légendaire ! Du coup, tu en profites pour lui demander ses tomates et s'il sait où trouver du fromage.

– Vous n'êtes pas au courant, cher héros ? Toutes les tomates et le fromage ont été confisqués par l'empereur Maximus pour sa grande fête.

7

– Confisqués ?

– Tout est stocké dans l'entrepôt impérial près des arènes. Je peux vous y guider si vous voulez ?

Si tu acceptes sa proposition, suis-le en **page 9**, sinon, tente de trouver ton chemin tout seul en t'aidant du plan.

5

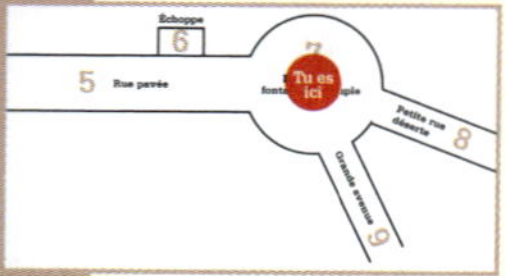

Place de la fontaine du peuple

Te voilà dans une immense ville antique. Tu remontes la rue pavée, puis tu arrives à un croisement. Il y a énormément de monde, alors, pour y voir plus clair, tu grimpes sur la fontaine en son centre. Pas facile de savoir quelle direction prendre pour dégotter tes ingrédients !

Tu pourrais emprunter cette petite rue déserte : elle s'oriente presque dans la bonne direction en **page 8** ou alors tenter ta chance dans la grande rue pavée derrière les soldats qui protègent un chariot de marchandises en **page 9**.

8

9

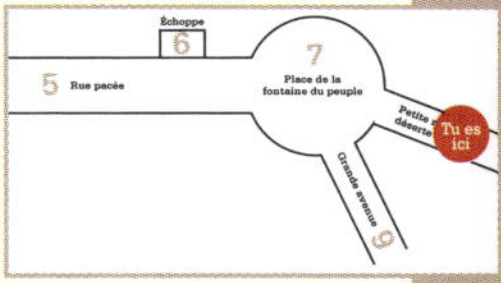

Petite rue déserte

Tu sautes de la fontaine et tu t'engouffres dans cette rue plus calme. Elle se rétrécit au fur et à mesure que tu avances. Tu ne rencontres que des portes fermées. Enfin, tu arrives dans une impasse : ce n'est pas la bonne direction ! Mais ce n'est pas grave : tu peux revenir à la fontaine facilement et aller voir derrière les gardes et le chariot en **page 9**.

7

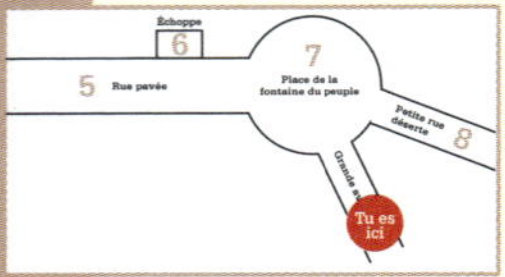

7

Grande avenue

Tu marches dans les rues de Constantinopolis, tu franchis une place pleine de Romains en tunique, qui vont dans tous les sens, puis tu arrives en vue de l'entrepôt de Maximus. Deux gardes armés de lances sont postés devant l'impressionnante porte principale. Si le marchand t'a guidé jusqu'ici, cela devient trop dangereux pour lui et il retourne à sa boutique.

Tu es à présent seul pour récupérer les ingrédients, mais pas de panique ! Il faut simplement se rapprocher et, pour cela, tu te faufiles derrière un char romain qui roule lentement.

Au coin de la rue, tu te dissimules derrière un empilement de **cordes** pour observer les environs : tu repères une porte de service où il n'y a qu'un **garde**. Tu aperçois également une **fenêtre** au-dessus du garde, que tu pourrais atteindre si tu dénichais de quoi escalader la façade un peu plus loin pour ensuite marcher sur cette corniche. As-tu une idée d'objets de ton inventaire à utiliser pour détourner l'attention du garde ou pour pénétrer discrètement dans l'entrepôt ?

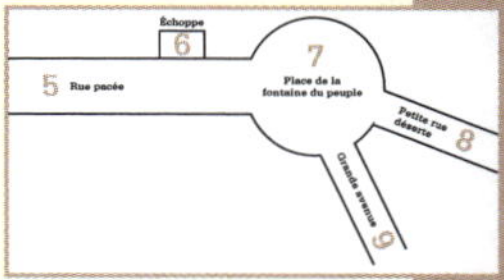

Voleur de tomates

Tu te trouves au bout de la rue avec tous les ingrédients pour Del lorsque la voix du garde retentit : « Au voleur !!! » Mince ! Tu tournes la tête pour découvrir que cinq autres sentinelles l'ont déjà rejoint et foncent dans ta direction.

Tu te mets à courir sans attendre.

Virage à droite, tu te retrouves au milieu d'un marché. Malgré la foule qui s'écarte à la vue des hommes armés te suivant, tu as du mal à avancer. Les gardes seront bientôt sur toi... Tu bifurques par une nouvelle rue et, après un roulé-boulé sous un chariot, tu reprends ta course. Tu arrives à un croisement. Oh non ! De l'autre côté, d'autres gardes de Maximus !

Brusquement, le camion de Del pile devant toi.

– Monte, il est temps de partir ! te lance-t-il avant de foncer à toute allure dans les rues de Constantinopolis.

Ouf ! Sauvé !

Incroyable ! Tu as réussi. De justesse, mais tu as rempli ta première mission ! Del va pouvoir préparer son repas à Glinara. Mais avant cela, il va t'emmener comme promis chez son ami qui connaît la sortie du monde PLAYMOBIL. Lance-toi dès maintenant dans la grande aventure pour rentrer chez toi.

PEUR DE RIEN

C'est plus risqué, mais c'est plus rapide pour fuir avec les haricots ! Tu choisis la ligne droite de l'avenue principale. Tu cours en esquivant le barbier au gros ventre, et même le vieux cow-boy qui tente de te faire trébucher avec sa canne. Ils croient tous que tes haricots sont de l'or ! Ils sont fous !

Mais pas le temps de réfléchir ou ils vont te rattraper. Tu bifurques à droite et tu te glisses sous une carriole sans cheval.

Le barbier dépasse ta cachette, suivi d'une femme brandissant un rouleau à pâtisserie. Tu rampes discrètement de l'autre côté et, coup de chance, tu trouves une **pièce** dans la poussière, que tu empoches.

En attendant, tu n'as plus le choix : le seul endroit où te cacher en attendant de quitter cette ville est chez l'épicier, **page 4**.

1

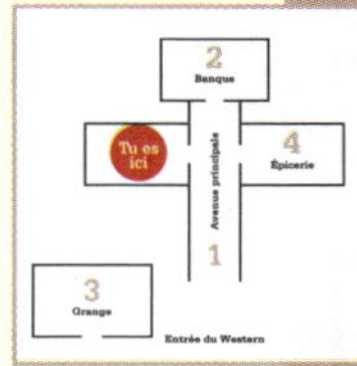

Au voleur !

À cause du vieux cow-boy, tout le monde croit que tes **sacs de haricots** sont remplis d'or volé. De plus, les vrais criminels veulent récupérer leur butin. Tu évites l'avenue principale par une petite rue parallèle. Dans ton dos, les bandits t'ordonnent de t'arrêter, mais tu as encore de l'avance. Tu ouvres la première porte venue.

Un souffle plus tard, tu découvres que tu es dans le bureau du shérif.

1

Et, un souffle après, la porte vole en éclats et tu es projeté contre le bureau. Les tiroirs s'ouvrent, faisant jaillir une collection de **bons-cadeaux**.

À l'instant où tu te relèves, les bandits se tiennent déjà dans l'encadrement de la porte. Cette fois, c'est la fin… à moins que tu ne lances un objet sur le **tableau** suspendu au-dessus de leur tête. Très bien, mais lequel ?

ESCAPE

LIVRET D'ACTIONS

Objet 1 + **Objet 2** = **Rends-toi page...**

Ici, tu peux utiliser les objets pour progresser dans l'histoire. Pour cela, choisis les deux objets à utiliser ensemble. Regarde dans le tableau ci-dessous et trouve les deux objets que tu as choisis (il y en a un dans une ligne et un dans une colonne). Au croisement des deux est inscrit le numéro de la page à laquelle te rendre pour découvrir ce qui se passe avec cette interaction. Par exemple, que vas-tu associer au **chef des bandits** ? Si tu choisis la **barre en métal**, rends-toi **page 16**. Si tu essaies avec le **foin rose**, va **page 18**.

Amuse-toi bien !

Objet 1 / Objet 2	Barre en métal	Bon-cadeau	Chef des bandits	Corde	Épices	Fenêtre	Foin frais	Foin rose	Jument	Pièce	Sac de haricots	Tableau
Barre en métal		18	16	21	21	21	18	21	18	21	20	18
Bon cadeau	18		20	18	15	18	20	20	20	15	20	21
Chef des bandits	16	20		20	18	20	21	18	21	18	18	20
Corde	21	18	20		20	22	20	21	18	20	21	18
Épices	21	15	18	20		21	18	20	20	15	18	21
Fenêtre	21	18	20	22	21		18	21	21	20	18	20
Foin frais	18	20	21	20	18	18		18	23	18	20	21
Foin rose	21	20	18	21	20	21	18		19	21	18	20
Jument	18	20	21	18	20	21	23	19		20	18	21
Pièce	21	15	18	20	15	20	18	21	20		21	18
Sac de haricots	20	20	18	21	18	18	20	18	18	21		17
Tableau	18	21	20	18	21	20	21	20	21	18	17	

Épices + **Pièce ou Bon-cadeau**

L'épicier regarde ce que tu lui tends. Il s'agit bien d'un moyen d'échange. Hourra ! Il te donne les épices.

– Que comptes-tu préparer avec ? te demande-t-il.

– Oh, ce n'est pas pour moi, c'est pour mon ami Del. Il doit cuisiner des tacos à la romaine.

– Jamais entendu parler ! Faudra que je goûte ça, mais pour l'instant, il faut que je range ma boutique : les bandits ont mis le bazar ici !

Retourne au plan de la ville pour choisir ta prochaine destination.

Barre de métal + **Chef des bandits**

Tu t'empares de la barre métallique et tu la colles dans le dos du bandit en criant avec une grosse voix :

– Haut les mains ! Pas un geste, c'est le shérif.

Le silence tombe d'un seul coup.

– OK, shérif. Doucement, on se rend…

– Lâchez vos sacs et allongez-vous, face contre terre !

Ils suivent tes ordres sans te regarder, mais, au moment où tu t'empares des sacs de haricots, le voleur tourne la tête.

– Mais t'es pas l'shérif ! s'écrie-t-il.

Oups ! Tu détales dans la rue avec les sacs emplis de haricots. Les bandits t'ordonnent de revenir avant de se lancer à ta poursuite. En plus de ça, le vieux cow-boy hurle en te voyant : « Voleur d'or ! », ce qui a le don d'ameuter tout le village à tes trousses.

Tu peux prendre la rue principale sous le regard de tous, **page 11** ou choisir une rue parallèle, en **page 12**.

Sac de haricots + **Objet 2**

C'est un tir parfait ! Le tableau tombe pile sur leur crâne et les bandits s'écroulent, inconscients. Tu fourres un **bon-cadeau** pour des épices dans ta poche, puis récupères ton sac de haricots.

Tu t'approches de la fenêtre donnant sur l'avenue. Personne.

En face, la vitrine de l'épicier affiche « Vente d'épices ». Formidable, c'est le moyen de faire d'une pierre deux coups ! Non seulement tu vas pouvoir récupérer les épices, mais surtout c'est la meilleure cachette avant de trouver une autre solution pour quitter cette ville. Il te suffit de piquer un *sprint* jusqu'à l'épicerie juste en face en **page 4** !

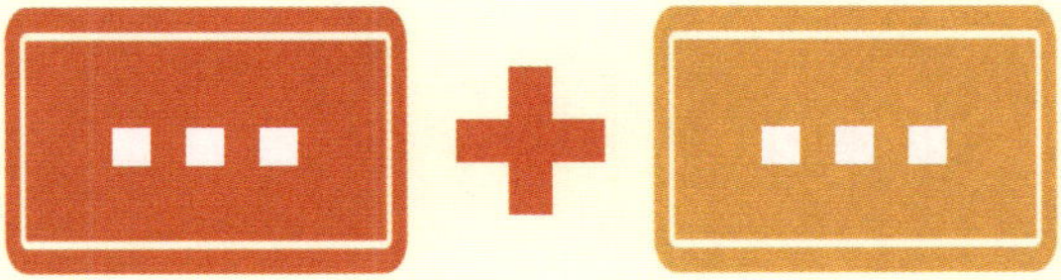

C'est étrange… Tu étais persuadé qu'en utilisant ces deux objets ensemble, il se passerait quelque chose. Seulement, tu as beau attendre, il ne se produit rien. Visiblement, ce n'était pas la bonne solution. Mais ce n'est pas grave ! N'hésite pas à retourner au début du livret d'actions **page 14** pour choisir une autre combinaison : tu finiras forcément par y arriver !

Sinon, tu peux reprendre ton périple en retournant à l'endroit où tu te trouvais, dans le livret d'aventure.

Foin rose + **Jument**

Quelle bonne idée ! Tu donnes à la jument une poignée de foin rose. Ses yeux brillent d'un seul coup d'une myriade de paillettes et elle relève la tête : elle est prête à foncer. Ça tombe bien car, à ce moment-là, le grand-père à la pipe arrive à l'entrée de la grange.

– Il est là ! crie la voix éraillée.

Les habitants sont juste derrière lui. Tu n'as plus une seconde à perdre ! Tu enfourches la jument et tu la lances au galop. Oh, là ! là ! Elle leur fonce dessus !

Mais, au dernier moment, le foin rose fait gargouiller l'estomac de ta monture. Et avec un « Flap ! » retentissant, des ailes lui poussent : vous bondissez au-dessus des cow-boys, droit vers le ciel… droit vers Constantinopolis. Le foin que tu lui as donné est enchanté, c'est merveilleux ! En même temps, que pouvait-on attendre d'autre d'un foin provenant d'une ferme des fées ?!

Rends-toi en **page 5**, pour découvrir la suite.

Ça y est ! Tu combines ces deux objets, persuadé que ça va réussir… Pourtant, malgré tous tes efforts, rien ne se produit. Mais ne t'inquiète pas, il te suffit de retourner au début du livret d'actions **page 14** pour choisir une autre combinaison. Et, malin comme tu es, tu finiras forcément par y arriver ! Sinon, tu peux reprendre ton périple en retournant à l'endroit où tu te trouvais, dans le livret d'aventure.

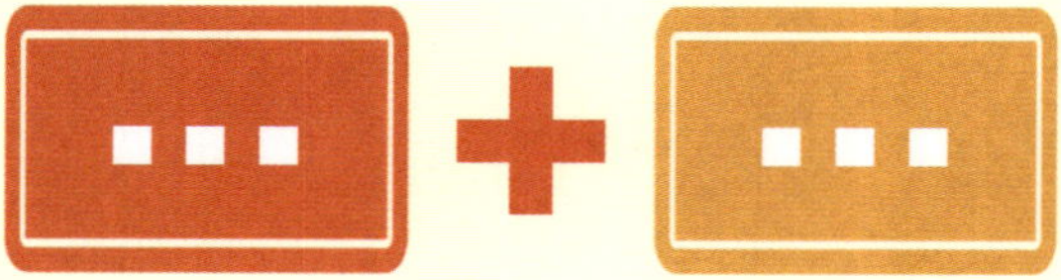

Tu essayes d'utiliser les deux objets ensemble. Seulement, il ne se passe rien de spécial. Ces objets n'ont pas l'air faits pour être associés… Ce n'est pas grave, tu peux retourner au début du livret d'actions en **page 14** pour choisir une autre combinaison, ou si tu préfères, tu peux reprendre ton périple là où tu te trouvais juste avant de combiner ces objets.

Corde + **Fenêtre**

Bravo, c'est malin ! Tu passes devant le garde, mine de rien, puis tu t'empares d'une corde. Personne ne regarde : tu lances un bout de la corde vers le bras d'une statue qui décore le haut de l'entrepôt et tu escalades. Bientôt, tu atteins la fenêtre par la corniche.

À l'intérieur du bâtiment, il y a des tonnes de tomates et de fromage ! Bien plus que ce qu'il n'en faut pour Del. Tu hésites un instant, puis tu te dis que reprendre un peu de ce que Maximus a volé à ces pauvres gens n'est pas un crime.

Bravo ! Tu as maintenant tous les ingrédients. Rends-toi **page 10**.

Foin frais + **Jument**

C'est une bonne idée : la jument avait visiblement un petit creux ! Toutefois, il ne se passe pas grand-chose d'autre qu'un crottin qui tombe au sol trois minutes plus tard ! Peut-être que, pour lui donner de l'énergie, il faut qu'elle ingurgite quelque chose de plus coloré ?... Retourne à la grange, **page 3**, pour dénicher un aliment qui lui correspondrait mieux.

ESCAPE

INVENTAIRE

Les objets

Voici la liste des objets de cette courte aventure que tu peux consulter sur la tablette que Del t'a confiée. N'importe quand durant le jeu, tu peux venir ici pour avoir des informations sur ce que tu viens de trouver.

- **Barre en métal :** cette longue barre métallique se cale derrière la porte de la banque quand elle est fermée pour s'assurer que personne ne rentre.

- **Bon-cadeau :** c'est écrit dessus ; tu peux échanger ce coupon contre un sachet d'épices.

- **Chef des bandits :** le bandit qui n'hésite pas à voler les autres pour entasser des trésors. En résumé, ce n'est pas un objet mais un méchant. Tu peux tout de même interagir avec lui.

- **Corde :** si l'on n'a pas peur et qu'on est très prudent, cet objet peut permettre d'escalader des endroits inatteignables autrement. Il suffit de nouer l'une des extrémités en hauteur.

- **Épices :** ce sachet sent très fort, il ne faut probablement pas plus d'une pincée dans une assiette pour en relever le goût.

• **Fenêtre** : les fenêtres romaines donnent de la lumière dans les pièces des bâtiments et sont rarement fermées…

• **Foin frais** : un bon aliment pour les chevaux. C'est leur nourriture quotidienne.

• **Foin rose** : sur ce foin, il y a une étiquette indiquant « Ferme des fées », probablement son lieu d'origine et est donc certainement enchanté…

• **Jument** : ce cheval a une robe brune avec une crinière épaisse et de grands yeux doux. La jument aime voyager, mais pour se lancer dans l'aventure, elle doit avoir le ventre plein.

• **Pièce** : une pièce avec un profil d'aigle entouré d'étoiles gravées. Tu devrais pouvoir payer quelque chose avec.

• **Sac de haricots** : un sac renfermant des haricots rouges bien durs.

• **Tableau** : c'est une grande peinture encadrée. Dans le bureau du shérif, le tableau représente un troupeau de bisons en liberté.

ESCAPE

LIVRET D'INDICES

La tablette de Del

Elle te permet d'obtenir des indices sur les mondes PLAYMOBIL. Tu peux la consulter à n'importe quel moment durant l'aventure, si tu as besoin d'aide.

Constantinopolis

Constantinopolis est la capitale d'une île romaine, où le soleil permanent fait pousser de nombreux fruits et légumes. Ici, tout le monde est habillé de tuniques ou de toges et porte des sandales. Mais la personne la plus remarquable n'est autre que le terrible empereur Maximus. Ce tyran capricieux aime passer du temps dans ses arènes, où il fait combattre des prisonniers, qu'il transforme en gladiateurs le temps d'un spectacle. Il est aussi capable d'envoyer ses gardes priver toute la ville de dessert, simplement parce que ça l'amuse ! Ces derniers traversent tout Constantinopolis avec des chariots remplis de ce qu'ils ont confisqué. Il paraît aussi qu'on a vu dans les rues des charmeurs de serpents faire se dresser des cordes dansantes jusqu'à des fenêtres…

Western

Il fait chaud, c'est poussiéreux et les habitants portent des chapeaux à bord large et des bottes pour monter à cheval. Ici, on espère faire fortune en trouvant une mine d'or ou en devenant un bandit. Heureusement, la ville a un shérif qui fait respecter la loi. Enfin, pas tout le temps, car parfois il poursuit un criminel assez loin et, pendant ce temps-là, certains volent banque et épicerie en quête de pépites dorées et de quoi manger. Pour finir, sache que le shérif est un grand collectionneur de bons-cadeaux, qu'il découpe dans le journal pour ensuite faire ses achats, et qu'on vient de livrer du foin un peu spécial à la grange.

SAURAS-TU T'ÉCHAPPER ?

ESCAPE

EN AVANT, LES HISTOIRES !

UNE AVENTURE DE playmobil LE FILM

Au travers des

Bravo, tu peux désormais te lancer dans cette nouvelle aventure. On change juste la couleur des clés, les règles sont identiques à celles que tu viens d'appliquer.

Del te remercie de l'avoir aidé, car Glinara va adorer la recette, c'est sûr. Il te conduit maintenant auprès du meilleur agent secret au monde, celui qui te guidera jusque chez toi. Après un dernier trajet dans ce camion qui sent bon les tacos, vous franchissez un pont enneigé, pour vous garer dans une ruelle.

– On y est presque, lance Del avant de sortir.

Tu le rejoins devant une poubelle. Il vérifie aux alentours qu'il n'y a personne, puis la pousse pour dévoiler une porte.

Toc-toc-toc, toc-toc, toc, toc-toc.

– Code secret, chuchote-t-il.

La porte s'ouvre sur un homme en costume et nœud papillon.

– Salutations ! Vous avez le mot de passe ?

– Hé ! s'écrie Del, vexé. C'est moi !

– C'est la procédure de sécurité. Alors ?

Del se renfrogne avant de répondre :

– PIZZANANAS.

– Parfait, suivez-moi.

mondes PLAYMOBIL

Alors que Rex s'enfonce dans un corridor, Del se penche vers toi et commente :

– « Pizzananas » est le mot de passe universel à la mode.

Finalement, vous arrivez dans une pièce souterraine. L'espion s'assied dans le fauteuil derrière son bureau.

– Alors, il paraît que tu veux quitter le pays ?

– Pour rentrer chez moi…

– Je vais t'aider mais il nous faut une clé spéciale pour ouvrir le passage entre les mondes. On va avoir besoin d'un des cubes dimensionnels du Dr Grim, d'une baguette magique et d'une capsule de colle bleue Therma pour assembler ces deux éléments afin de former la clé. Pendant que je récupère la colle bleue Therma, tu te rendras dans la base du Dr Grim pour y chercher le cube dimensionnel. Rendez-vous ensuite au château féerique pour persuader la Bonne Fée de nous prêter une baguette magique. Es-tu prêt ?

– Je pense…

– Parfait. Voici un déguisement d'ingénieur pour ton infiltration.

L'aventure se passe dans le laboratoire du Dr Grim, dont le plan se trouve sur le rabat de ton livre. Sers-t'en pour te déplacer tant que tu te trouveras là-bas. Mais, pour commencer, rends-toi en **page 1**.

ESCAPE

LIVRET D'AVENTURE

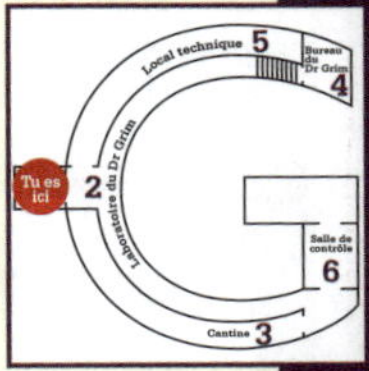

Entrée secrète

Après avoir dit au revoir à Del, Rex ouvre une porte blindée. L'entrée ressemble à un vestiaire sportif avec un ascenseur à l'autre extrémité. D'abord, tu enfiles le déguisement d'ingénieur, composé d'une combinaison blanche et de lunettes de protection, masquant une partie de ton visage, pour passer inaperçu chez le Dr Grim.

Une fois costumé, tu dois résoudre l'énigme écrite sur l'ascenseur :

« Parmi ces quatre magnets, seuls deux forment une paire logique : place-les sur la serrure électromagnétique. »

Tu regardes les magnets :

Si tu trouves logique d'associer les aimants  et  rends-toi en **page 21**.

Si tu trouves l'association des magnets  et  plus logique, rends-toi en **page 22**.

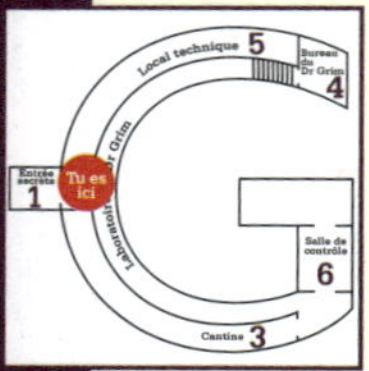

5

Laboratoire du Dr Grim

Tu entres dans l'ascenseur et tu ajustes ton déguisement dans le miroir du fond. 4

DING ! L'ascenseur descend à toute vitesse avant de s'ouvrir sur un couloir éclairé. Un homme en blouse blanche passe devant toi en te souhaitant bon appétit avant de disparaître à l'angle sur ta gauche. Enfin, tu la vois : le Dr Grim arrive dans ta direction tout en discutant avec deux scientifiques. Dans ton dos, l'ascenseur s'est refermé. Ça y est : tu es en plein dans la mission ! 6

– Quand est-ce que mon canon avaleur d'or sera prêt ? questionne la scientifique.

– Dans quelques heures, Dr Grim, répond un des hommes.

– Parfait. Avec tout l'or que nous allons récupérer, nous allons pouvoir passer à la phase 3…

Soudain, elle s'arrête et te dévisage.

– Qu'est-ce que vous attendez pour vous rendre à votre poste ? lance-t-elle alors que tu es toujours immobile.

Ouf ! Grâce au déguisement, elle ne t'a pas reconnu.

Maintenant que tu sais que tu peux te déplacer en sécurité, regarde le plan pour décider par où tu vas commencer tes recherches.

3

2 4

CANTINE

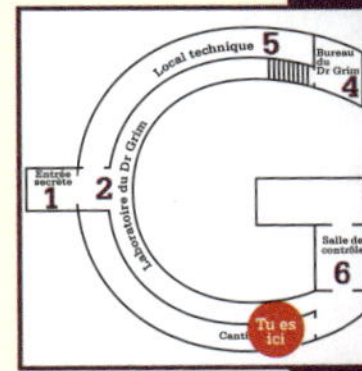

Tout le monde discute en attendant de remplir son assiette.

– Tiens, pour fêter le prochain allumage du canon avaleur d'or ! te dit un ingénieur en te donnant un paquet de pop-corn.

– Avaleur d'or ? répètes-tu en avalant une poignée de pop-corn.

Tu glisses le **paquet de pop-corn** dans ta poche. Cet objet fait désormais partie de ton inventaire.

– Ah, tu es nouveau ? Alors tu devrais aller dans le bureau du Dr Grim. Là-bas, elle t'informera de son plan…

Le bureau du Dr Grim ? Intéressant…

Brusquement, un homme te bouscule. Un autre lui souligne son impolitesse : tu en profites pour reculer et tu remarques un **passe de sécurité** sur le sol, que tu t'empresses de ramasser et d'ajouter à ton inventaire.

Tu dois absolument découvrir le plan du Dr Grim !

Puis tu engloutis ton assiette : tu avais besoin de reprendre des forces.

À présent que tu as le ventre plein, aide-toi du plan pour te diriger jusqu'au bureau du Dr Grim.

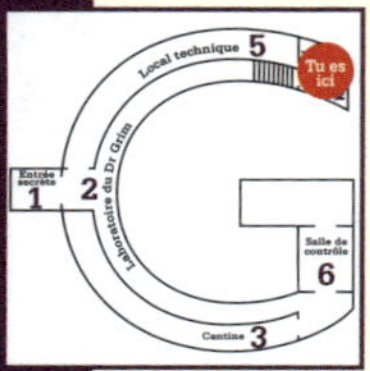

Bureau du Dr Grim

Tu gravis les marches deux par deux, puis traverses un couloir au bout duquel se trouve le bureau du Dr Grim. Il n'y a personne aux alentours.

2

Malheureusement, tu te trouves face à une porte fermée par une **serrure électronique**. Si tu n'as rien pour l'ouvrir, tu es obligé de repartir. Dans ce cas ; regarde le plan sur le rabat pour visiter les autres pièces à la recherche d'un objet qui te permettra d'ouvrir la porte.

En revanche, si tu possèdes dans ton inventaire quelque chose qui te permet de déverrouiller la **serrure électronique**, utilise-le !

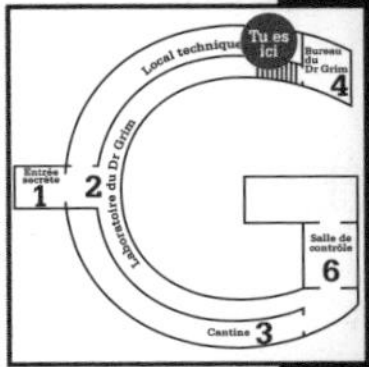

LOCAL TRÈS, MAIS ALORS TRÈS TECHNIQUE

Tu pénètres dans cette longue salle tordue remplie d'ordinateurs et de câbles. Un **panneau de contrôle** clignote de lumières vertes et orange, mais il faudrait être un véritable ingénieur pour savoir si tout est en ordre !

De toute manière, ce n'est pas ta mission ! Tu dois dégotter un cube dimensionnel : mais où ?

Tu fouilles toute la salle et, enfin, tu aperçois une colonne de cubes le long du mur. Un **câble** les raccorde au **panneau de contrôle**. Malheureusement, tous les cubes sont aimantés et semblent soudés les uns aux autres. Impossible de les séparer ! Il doit forcément y avoir un moyen mécanique pour en libérer un. As-tu une idée des objets à combiner pour libérer les cubes ?

2

Salle de contrôle

2

Les agents de sécurité te dévisagent et l'un d'eux t'arrête :

– Seuls ceux qui ont mangé peuvent entrer, annonce-t-il. Le ventre vide, on fait des erreurs !

Si tu t'es rendu à la cantine, continue ta lecture, sinon, reporte-toi au plan pour y aller.

À l'intérieur, dix scientifiques travaillent sous l'œil attentif du Dr Grim. La seule autre issue est la grande porte vitrée donnant sur le hangar, où trône un énorme canon. Juste à côté de celle-ci sort l'embout d'un **tuyau** relié directement à l'arme.

– Où sont mes lunettes ? hurle soudain le Dr Grim.

Tout le monde se fige avant de se mettre à fouiller partout. Plus personne ne fait attention à toi. Si tu as déjà récupéré un cube dimensionnel, tu n'as plus rien à faire dans le laboratoire du Dr Grim et c'est donc le moment de ruiner ses plans avec une idée géniale l'empêchant d'actionner le canon avaleur d'or ! Sais-tu quels objets associer pour cela ?

Si tu n'as pas encore récupéré le cube dimensionnel qui constitue la première partie de la clé, regarde le plan pour inspecter les endroits accessibles que tu n'as pas encore visités.

3

8

CHAMP ENCHANTÉ

Tu es propulsé à toute vitesse dans le ciel. Tu restes un moment en l'air, juste assez pour voir le canon avaleur d'or du Dr Grim finalement exploser, puis soudain…
Le sol se rapproche à toute vitesse, pourtant, il faut croire que tu as de la chance… Tu atterris dans une immense botte de paille entassée dans un champ. *Pop !* En définitive, le plus compliqué est de sortir du tas de paille et d'enlever tous les brins pris dans tes cheveux !

→ 9

Tu reprends tes esprits et aperçois un peu plus loin un château de conte de fées. Tu es dans le monde de la Bonne Fée ! Désormais, tu devras t'aider du plan de son royaume, toujours sur le rabat de ton livre, pour te déplacer.

Alors, où vas-tu te rendre afin de trouver une baguette magique ?

CHÂTEAU FÉERIQUE

Tu arrives devant le pont-levis du magnifique château. Pas de nouvelles de Rex Dasher ! Au moment où tu avances pour y pénétrer, un chevalier en armure sombre vient à ta rencontre :

– Que venez-vous faire ici, étranger ?

– Rencontrer la fée, réponds-tu. Il faudrait qu'elle me prête sa baguette magique.

– Elle n'est malheureusement pas disponible.

– Je peux attendre…

– Tu risques de patienter très longtemps, elle a été transformée en grenouille.

– Vraiment ? Il doit exister une formule magique ou une potion pour la sauver ! Dites-moi ce qu'il vous faut et j'irai le chercher.

– C'est gentil mais aucun des chevaliers partis en quête d'une larme de licorne n'est revenu. Et puis de toute manière, je n'ai plus d'équipement complet à te fournir…

– Donnez-moi ce que vous avez et je sauverai la Bonne Fée !

– Très bien. Je n'ai plus qu'une **corde**. Traverse le lac et tu trouveras peut-être une licorne.

Où souhaites-tu te rendre désormais ?

7 9

8

LAC MYTHIQUE

Un vent fort souffle autour de ce lac. De l'autre côté, tu distingues une forêt et une immense montagne dont la cime se perd dans les nuages. Pour le moment, il faut que tu trouves une solution pour traverser le lac car tu ne vois pas de bateau attaché au bout du ponton.

7

Tu t'apprêtes à aller y jeter quand même un oeil quand soudain, un immense cou se dresse : tu as réveillé une **oie géante** qui fait le double de ta taille.

– Bonjour, si tu veux traverser, je peux t'aider, te dit-elle.

– Vous pouvez me transporter sur votre dos de l'autre côté du lac ?

– Non, tu es trop lourd pour cela, mais si tu trouves de quoi t'accrocher à moi, je pourrai te tracter.

As-tu une idée d'objet à utiliser ? Si tu n'en as pas, aide-toi du plan pour continuer ton exploration.

Clairière merveilleuse

Tu t'approches d'une clairière. En son centre, émerge un gros rocher dans lequel est plantée une magnifique épée en cristal. Dans la pierre est gravé : « Seul celui qui a le coeur pur pourra ôter cette épée magique de son fourreau de pierre. »
Le coeur pur ? Cela veut dire que tu dois utiliser cette épée pour faire de bonnes actions et pour aider les autres avant tout. Si tu penses être un héros de cette trempe, continue à lire. Sinon, il vaut mieux repartir.

Tu grimpes sur le rocher et tu saisis l'épée par sa poignée. Tu t'apprêtes à y mettre toute ta force mais, au dernier instant, tu songes à la Bonne Fée que tu es venu sauver. Comme si elle était simplement enfoncée dans de la neige tendre, tu extrais l'**épée de cristal** de sa prison. Elle est belle et légère et te servira à combattre les monstres les plus sombres.

Aide-toi du plan pour décider de ta prochaine destination.

11

10

Forêt
MIRIFIQUE

Tu marches un long moment sur un sentier forestier. Autour de toi, une armée de troncs et de buissons est parfois percée par la lumière du soleil, mais il règne une pénombre presque inquiétante. Heureusement, tu es courageux… enfin, presque : tu sursautes quand une branche se brise à côté de toi. Un corbeau attire ton attention.

– Qu'est-ce que tu cherches ? te demande l'oiseau.

– Une licorne. Vous en avez vu une ?

– Ce qui importe dans une quête, c'est le voyage, non la destination… Toi seul peux choisir ton chemin.

À ces mots, la branche qui t'a effrayé se métamorphose en piolet, et change de direction comme si le manche te désignait une clairière au loin.

– Ceci indique un détour avec une grande épreuve, commente le corbeau.

Le manche du piolet tourne à nouveau et pointe cette fois-ci vers un pont.

– Par ici se trouve le chemin le plus rapide pour rencontrer la licorne. Ramasse ce **piolet** et choisis la voie de ta quête.

Alors, vas-tu te confronter à une épreuve en te rendant **page 10** ou foncer vers la licorne **page 12** ?

13

Pont fabuleux

Tu suis le chemin jusqu'à la sortie de la forêt : enfin ! Sous un ciel lourd de nuages sombres, un pont enjambe une rivière qui va se jeter dans un lac un peu plus loin. De l'autre côté, le chemin se prolonge jusqu'à une immense montagne, dont on ne voit pas le sommet. Peut-être est-ce dans cette épaisse brume que se cache la licorne ? Tu n'as plus qu'à traverser le pont pour le savoir.

11

Tu as tout juste posé un pied sur le pont qu'une main surgit d'en dessous. La seconde suivante, un immense troll affreusement laid te barre la route. De la bave coule de sa bouche et ses petits yeux noirs sont remplis de haine. Il fait un pas dans ta direction, puis se stoppe en lançant un petit couinement. Un **rayon de soleil** perce un nuage dans le ciel et le monstre n'a pas l'air d'aimer cette lumière… Peut-être possèdes-tu un objet pour réfléchir ce faisceau lumineux sur le troll avant qu'il ne te mange tout cru ?

Si tu ne possèdes rien de ce genre dans ton inventaire, fonce dans la forêt, **page 11**, pour en trouver un.

Montagne extraordinaire

Le vent souffle au pied de la montagne, mais pas suffisamment pour repousser la brume qui dissimule son sommet. Si la licorne est encore dans le coin, elle est certainement tout là-haut.

Malheureusement pour toi, un éboulement a emporté le chemin qui serpentait jusqu'au sommet. Il va falloir que tu escalades ! Tu as bien une **corde**, mais il te faudrait en plus un objet solide pour te servir de piton.

Possèdes-tu dans ton inventaire quelque chose qui pourrait y correspondre ?

12

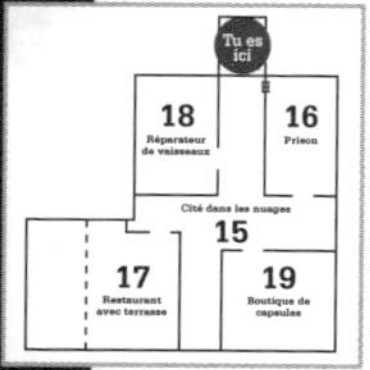

Plate-forme

Vous avez embarqué sans attendre dans le camion de Del.

– Attention : boucle ta ceinture ! te dit Del en accélérant sur un chemin cabossé.

Il appuie sur un bouton dissimulé sur le tableau de bord, et des ailes d'acier sortent du véhicule alors qu'un réacteur vous propulse dans les airs. Décidément, son food truck est vraiment étonnant !

Après avoir traversé une série de nuages, vous vous faufilez dans la circulation des voitures volantes et, finalement, vous atterrissez sur une plate-forme de la ville suspendue dans le vide.

Tu contemples encore la Cité du futur quand Robotitron te rejoint.

– Tu sais où se trouve Rex Dasher ? lui demande Del.

– J'ai_prison_trouvé. Aller_conduits_aération. Elles_gardées_par_extraterrestre_devant. Devoir_trouver_autre_passage_sauvetage.

Rends-toi **page 15** pour explorer cette cité dans les nuages.

15

18 14 16

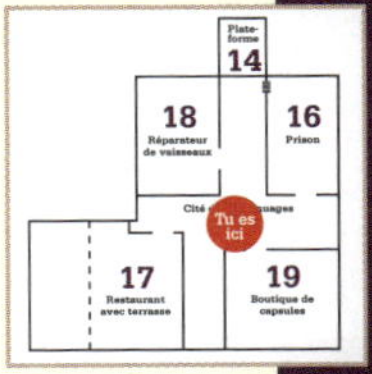

Cité dans les nuages

Vous avancez tous les trois à travers la foule. Tout est éclairé par des néons, le sol est parfois translucide, vous laissant voir le vide. Vous faites un premier tour des lieux et tu repères un conduit d'aération sur l'un des murs extérieurs de la prison, qui pourrait probablement mener discrètement à l'intérieur. Seulement, l'accès est fermé par une **grille d'aération** vissée au mur. Impossible de l'ouvrir sans outil !

Tu devrais aller explorer le reste de la ville afin de trouver de quoi ouvrir ce passage. Sinon, tu peux aussi aller vers l'entrée de la prison pour voir s'il n'y a pas un autre moyen de délivrer Rex Dasher. Quoi qu'il en soit, aide-toi du plan pour choisir ta prochaine destination.

17 19

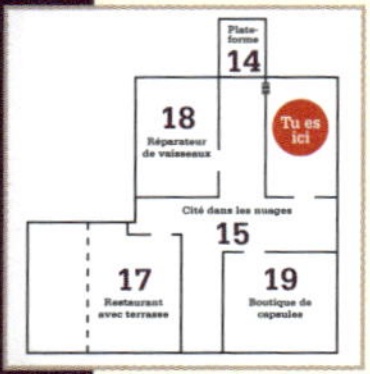

PRISON

Tu t'avances avec tes amis vers l'entrée de la prison comme si de rien n'était. Même avec cette foule, l'extraterrestre qui garde la porte est vigilant.

– Du vent ! vous ordonne-t-il, quand il estime que vous êtes trop proches de lui.

Au moment où vous faites demi-tour pour ne pas avoir d'ennuis, tu perçois des gargouillements. C'est l'estomac du **gardien**, qui est affamé. Peut-être que si tu lui donnais quelque chose à manger, il serait moins concentré sur ce qui l'entoure ? Tente ta chance en regardant ce que tu as dans ton inventaire, sinon, reprends ton chemin en t'aidant du plan.

15

15

Restaurant avec terrasse

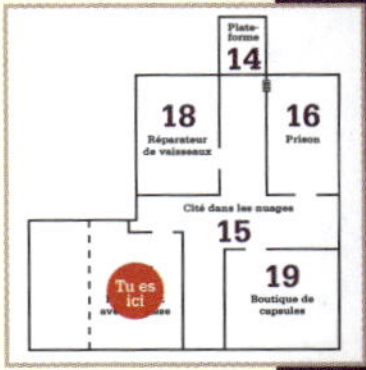

Vous pénétrez dans le restaurant qui sent bon la cuisine épicée. Cela vous donne faim. Del commande une **pizza**.

– Oh, mon cuisinier préféré ! hurle une voix grave depuis la terrasse.

Glinara vous fait signe. Impossible de l'ignorer, sinon elle va se vexer.

Une fois à sa table, elle fait un grand sourire à Del.

– Ça me fait tellement plaisir de discuter avec le cuisinier qui a fait de ma fête un succès.

– Je n'étais pas seul, dit Del en te désignant du pouce.

Glinara te jauge quelques instants.

– Très bien, capitule-t-elle. J'ai laissé la vie sauve à Del en paiement, mais toi, tu veux quoi ?

– Euh… Je ne sais pas… réponds-tu, impressionné.

Del te donne un petit coup de pied.

– Ah, si : de la colle bleue Therma !

– Si tu es capable d'en dénicher dans la boutique de capsules, elle est à toi. Voici ma **carte de visite**, qui te permettra de passer.

Tu ajoutes la **carte de visite de Glinara** à ton inventaire.

Celle-ci vous laisse partir avec votre **pizza**, après quelques minutes de discussion. Où allez-vous ?

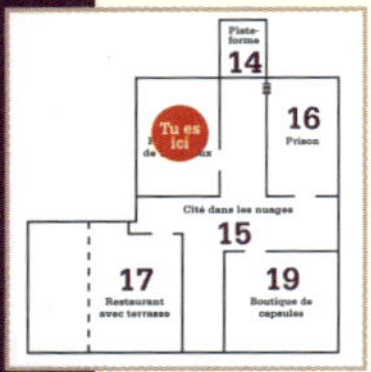

Réparateur de vaisseaux

CLONG, PAF ! Un extraterrestre sort la tête de sous une voiture volante à votre entrée. Il se redresse et essuie ses quatre mains.

– C'est pour ma turbo-camionnette, explique Del. Je voudrais un outil pour la réparer.

– Je m'en occupe une fois cette casserole volante terminée !

– Merci, mais on a juste besoin d'emprunter un outil…

L'extraterrestre vous fixe de ses nombreux yeux globuleux. Il ne doit pas souvent prêter ses affaires…

Soudain, tu vois la photo d'un phare dans l'atelier : Charlie t'a dit avoir quitté le monde PLAYMOBIL par là.

– Où se trouve ce phare ? l'interroges-tu. 15

– Il vole autour de la cité pour éviter aux vaisseaux de se perdre. Au crépuscule il devrait être visible depuis le restaurant.

– Hum, merci. Et donc, pour l'outil… on vous le ramènerait très vite.

Tes amis et toi affichez votre sourire le plus innocent.

– D'accord, servez-vous !

Del se rue vers un **tournevis**.

– Ça, ce sera parfait, ajoute-t-il en te le donnant.

Où veux-tu aller, après avoir remercié l'extraterrestre pour son aide précieuse ?

15

Boutique de capsules

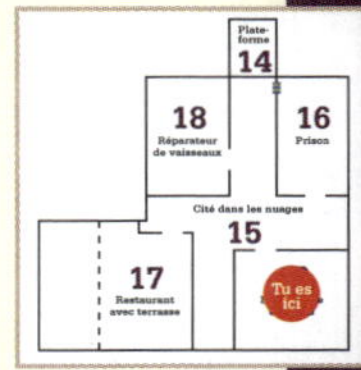

Vous arrivez à la boutique en fouillis, où brillent de centaines de capsules lumineuses. À l'entrée, sont postés deux extraterrestres très musclés.

– Des hommes de Glinara, te murmure Del. Le vendeur l'a probablement vexée !

Del fait un grand sourire, mais te pousse devant lui pour que tu parles.

– Bonjour, on voudrait acheter de la colle bleue Therma…

– Impossible, clame un des gros bras. Cette boutique appartient à Glinara, maintenant.

Si tu possèdes une **carte de visite** de Glinara, peut-être peux-tu l'assembler avec un objet de ton inventaire qui te permettrait de détecter la colle bleue Therma parmi toutes ces capsules.

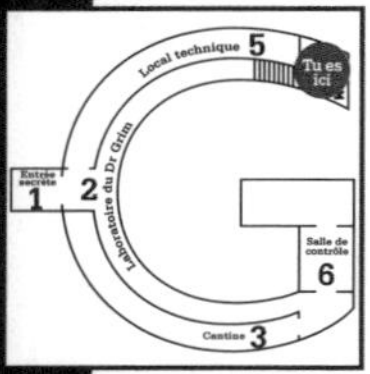

Les secrets du bureau

D'un côté de la pièce, il y a une bibliothèque remplie de livres traitant de guerre et de sciences physiques. Sur le bureau, se trouvent la paire de lunettes du Dr Grim, des papiers bien rangés et un ordinateur éteint. Tu hésites à l'allumer mais, d'un regard, tu comprends que les papiers comportent les informations essentielles de son terrible plan.

2 ←

En effet, tu découvres des schémas d'un canon destiné à détruire la mine de Gold Town afin de voler tout son or ! Tu les examines avec précision et, ça y est, tu as une idée digne de Rex Dasher ! Il te suffirait de boucher **le tuyau** qui l'alimente pour faire surchauffer le canon et le mettre hors service ! Il ne te reste plus qu'à trouver dans ton inventaire quelque chose que tu pourrais froisser pour former une boulette afin de la glisser dans le tuyau.

Rends-toi ensuite en salle de contrôle.

↓
6

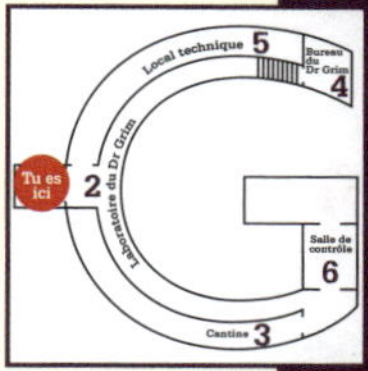

Code rouge

Tu prends les deux magnets et les colles sur la serrure électromagnétique.

MÉÉÉP ! Une lampe rouge clignote au-dessus de la porte et la voix de Rex Dasher jaillit d'un haut-parleur : « Ce n'est pas le bon choix, jeune espion ! Mais ce n'est pas grave, nous faisons tous des erreurs. Tu feras mieux la prochaine fois, essaie de nouveau ! »

Retourne là d'où tu viens et tente une autre combinaison.

Code vert

Tu prends les deux magnets et les colles sur la serrure électromagnétique.

2

BIIIP ! Bravo, quel excellent agent secret tu fais ! Associer le magnet  et le magnet  était la réponse logique.

Tu pénètres dans l'ascenseur qui mène au laboratoire secret. Rends-toi **page 2**.

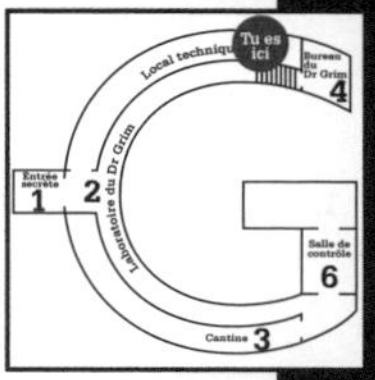

SÉCURITÉ

Bravo ! Tu as un esprit logique : c'est bien le chiffre 23 qui déverrouille la sécurité. Les lumières s'éteignent et tu peux enfin t'emparer d'un cube dimensionnel. Mission accomplie ! Enfin, presque : tu dois maintenant quitter le laboratoire.

Tu sors vite du local, avant que quelqu'un ne découvre que tu as pris un cube.

2

Dans le couloir, tout le monde se rend à la cantine. Tu pourrais te mêler à la foule pour passer inaperçu. Si tu t'y es déjà rendu, il te suffit de regarder le plan pour choisir une autre destination.

3 6

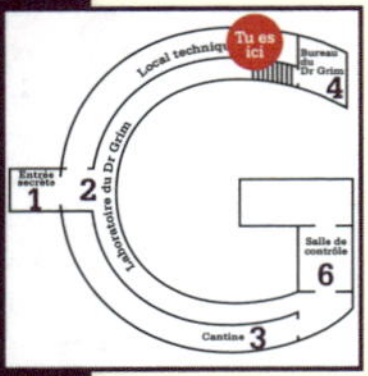

CASSE-TÊTE

Une série de symboles et de chiffres se mélangent sur l'écran de contrôle, puis se figent.

2 + 2 = 22
5 + 1 = 15
2 + 3 =

Si tu découvres quel est le chiffre de ce terrible casse-tête, cela t'emmènera à la page correspondante pour t'emparer du cube dimensionnel. Attention : si tu t'aperçois que tu n'es pas arrivé à la bonne page, arrête tout de suite de lire et reviens ici !

2

UN MONSTRE DE TÉNÈBRES

Tu arrives enfin au sommet de la montagne, où la brume est moins épaisse. Tu regardes aux alentours et tu aperçois une licorne. Mais elle est attachée à un rocher. Il suffit d'aller la détacher… Attends !

Une ombre gigantesque vient de tomber du ciel : un terrible **dragon noir** !

– Tu feras un amuse-bouche parfait ! te dit-il de sa voix cruelle. Il n'a pas l'air de plaisanter… Si tu possèdes un objet magique pour l'affronter, va dans ton inventaire et teste cette association, sinon il vaut mieux en chercher un ailleurs vite fait !

12

De sauvetage en sauvetage

Tu dévales la montagne à dos de licorne, coupes par la forêt et fonces sur le lac, comme si l'eau était devenue solide ! Enfin, tu gagnes le château et tu arrives devant un trône. Dessus, se tient une grenouille. La licorne se penche au-dessus du batracien et cligne des yeux jusqu'à en faire tomber une larme. *Pouf !* Un nuage vert entoure la grenouille, qui reprend sa forme d'origine. La Bonne Fée est sauvée !

– Merci à toi, mon héros ! dit la fée aux ailes brillantes. Quel vœu souhaites-tu exaucer, en guise de remerciements ?

– J'aimerais rentrer chez moi…

– Mes pouvoirs ne sont pas si puissants. J'en suis désolée… Autre chose ?

Un peu déçu, tu reviens au plan initial.

– Vous me prêteriez votre baguette magique ?

La fée te donne sa baguette en souriant. Une seconde après, Del débarque en catastrophe, escorté par des gardes du château.

– Génial, tu es là ! Heureusement que Robotitron a calculé ta trajectoire après l'explosion du canon, ce qui nous a permis de te retrouver. On a besoin de toi : Rex a été capturé ! crie Del.

Encore une personne à sauver ! File **page 14**.

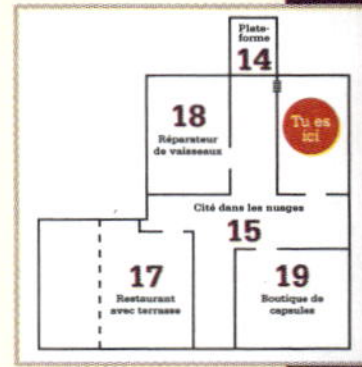

La cellule

Vous ouvrez la cellule sans problème. Elle n'est pas très grande et possède, en guise de fenêtre, une simple fente donnant sur les nuages. Pas moyen de s'échapper.

Rex Dasher est là, dans son costume impeccable.

– Vous en avez mis du temps !

– Mais…

– Je plaisante, merci pour le coup de main. Bon, filons d'ici avant que quelqu'un ne se doute de quoi que ce soit. Et au passage, la colle bleu Therma se trouve dans la boutique de capsules et j'ai récupéré des **lunettes de détection** pour la repérer. Ça sera un jeu d'enfant de mettre la main dessus, grâce à ces lunettes, te dit-il en te les tendant.

Après avoir glissé les lunettes de détection dans ton inventaire, vous vous échappez par où vous êtes entrés. Aide-toi du plan pour déterminer votre prochaine destination.

15

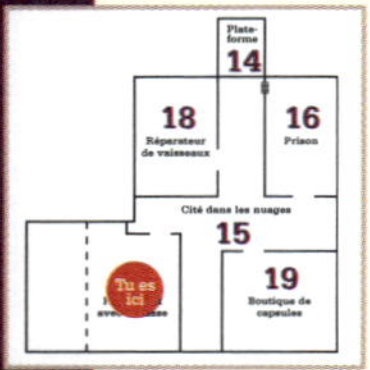

Pirates !

Quand vous quittez la boutique, les gens courent dans tous les sens.

– Piraaaates ! Piraaaates ! Hurlent- ils.

Tu vois alors un bateau équipé d'un réacteur, qui pousse le véhicule de Del dans le vide pour accoster.

– Mon camion !

– Trop tard, s'exclame Rex. Tous à ma voiture ! J'ai programmé son atterrissage sur la terrasse.

Un pirate fonce justement vers vous.

– C'est le voleur de tomates : capturons-le pour Maximus !

Tu ne pensais pas que cette histoire de tomates et de tacos te poursuivrait… Vite ! Tu emboîtes le pas à tes amis.

Vous arrivez sur la terrasse du restaurant, les pirates sur vos talons. Vous foncez à la voiture de Rex. L'espion prend le volant, tu montes devant et les autres s'entassent à l'arrière. Malheureusement, le moteur cale. Rex se prend la tête entre les mains :

– Nous étions si près du but…

Vous n'allez pas abandonner maintenant ! Sans hésitation, tu branches Robotitron sur le tableau de bord.

Rends-toi **page 29** pour savoir si la voiture démarre.

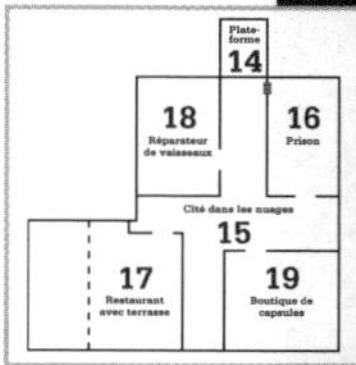

Phare au milieu des nuages

Oui ! Grâce à l'énergie du petit robot, le réacteur démarre ! Pile quand un pirate arrive, il était moins une. Vous décollez plus vite qu'un avion de chasse. Vous crevez tous les nuages. Ce n'est qu'après dix minutes de voyage que Rex ralentit.

– Encore une mission de réussie, dit fièrement Rex Dasher.

– Mais il n'y a toujours pas d'accès pour rentrer chez moi, rétorques-tu.

– C'est ce que tu crois, l'ami. Regarde là-bas !

En effet, tu aperçois le faisceau lumineux du phare, qui balaye le ciel dans le soleil couchant.

Rex tourne le volant dans cette direction et vous vous rapprochez rapidement du phare planté sur une sorte de soucoupe volante. Une manœuvre supplémentaire, et vous accostez.

– C'est la fin du voyage, t'annonce Del en t'enlaçant.

– Et tu es devenu un agent confirmé, souligne Rex en te serrant la main. Reviens quand tu veux pour une nouvelle mission.

Tu hésiterais presque à rentrer chez toi : cette aventure était fabuleuse ! Mais ta maman doit t'attendre… Tu enfonces ton étrange clé dans la porte du phare.

Tu tournes la clé et tu entres **page 30**.

La fin du voyage

Tu lances un dernier regard à tes amis. Un pas en avant et tu es absorbé par le phare.

L'instant d'après, ta maman se tourne vers toi.

– Je t'ai cherché partout, te dit-elle immédiatement.

Tu n'en crois pas tes yeux ! Tu es vraiment de retour chez toi, dans l'exposition.

– J'étais, euh… aux toilettes, mens-tu, sachant qu'elle ne te croira jamais si tu lui racontes ton aventure.

Maintenant tu le sais, pour croire en l'existence du monde PLAYMOBIL, il te suffit de te laisser porter par ton imagination. Si ça se trouve, il n'y a même pas besoin d'une exposition pour retourner là-bas…

ESCAPE

LIVRET D'ACTIONS

Objet 1 + **Objet 2** = **Rends-toi page...**

Ici, tu vas pouvoir utiliser les objets pour progresser dans l'histoire comme dans la première aventure. Pour cela, rappelle-toi : tu dois choisir deux objets à employer ensemble. Regarde dans le tableau sur le rabat de la couverture de ton livre et pointe les deux objets choisis (Il y en a un dans une ligne et un dans une colonne.) Au croisement des deux, tu trouveras la page à laquelle te rendre pour savoir ce qu'il se passe.

Amuse-toi bien !

Épée de cristal + **Rayon de soleil**

Tu es rusé, bravo ! Tu dégaines ton épée de cristal.

La lame de l'épée s'éclaircit et le rayon de soleil qui s'y réfléchit frappe le troll en pleine figure. Aveuglé, il grogne, recule, passe par-dessus la rambarde du pont et, finalement, tombe à l'eau. Tu le vois emporté par le courant sur plusieurs mètres avant qu'il s'accroche à un gros rocher proche de la rive. Il était moins une ! Le temps qu'il revienne jusqu'au pont, tu as largement le temps de traverser.

Tu peux maintenant te rendre au pied de la montagne, **page 13**, pour la suite de l'aventure.

Câble + **Panneau de contrôle**

Tu te saisis du gros câble électrique reliant la colonne de cubes aimantés jusqu'au tableau de bord. C'est très malin : tu le débranches. Toutes les lumières s'éteignent mais se rallument immédiatement : la sécurité de secours s'est enclenchée. Tu y es presque, il ne te reste plus qu'à trouver le mot de passe pour libérer le cube dimensionnel. Va **page 24**.

Corde + Piolet ou Épée de cristal

Très bonne idée ! Tu plantes ton instrument entre deux roches et tu t'aides de la corde pour commencer à grimper. Tu te hisses et tu t'assures à chaque étape en enroulant la corde autour d'une grosse pierre. Comme ça, même si tu glisses, tu seras toujours rattrapé par cette dernière. C'est parti pour le sommet !

Ton ascension dure plus d'une heure. Plus tu grimpes, plus le vent s'intensifie et, maintenant que tu es suffisamment haut, tu ne vois même plus la forêt en bas à cause de la brume. Encore un petit effort et tu arrives **page 25**.

C'est bizarre, tu n'obtiens rien de spécial. Peut-être que ces objets ne sont pas faits l'un pour l'autre ? Ce n'est pas grave. Tu peux retourner au début du livret d'actions pour choisir une autre paire d'objets, ou alors reprendre ton histoire PLAYMOBIL en retournant au livret d'aventure.

Dragon noir + **Épée de cristal**

En avant, chevalier ! Tu brandis l'épée de cristal qui reflète la lumière du soleil. Le dragon réagit en te crachant un nuage noir dessus.

Ouf ! L'épée le dissipe en un clin d'œil.

Tu attaques à ton tour en le pointant de ton arme magique et un rayon d'énergie percute le monstre. Le monstre recule mais tente de t'atteindre. Tu esquives sans problème et tu projettes à nouveau l'énergie magique de ton épée en direction de la créature. Cette fois, le dragon tombe de la montagne. Ce n'est pas assez pour le terrasser mais, au moins, tu es tranquille pour un long moment.

Tu fonces vers la licorne et, d'un coup de lame, tu tranches ses liens.

– Merci, dit-elle de sa voix douce. Que puis-je faire pour te remercier ?

– La Bonne Fée a été transformée en grenouille et vos larmes sont les seules à pouvoir la délivrer de ce sortilège. Vous pourriez.. ?

– Bien sûr ! te coupe la licorne. Monte sur mon dos et allons lever la malédiction !

Rends-toi **page 26**.

Paquet de pop-corn + **Tuyau**

Très bonne idée ! Alors que personne ne fait attention à toi, tu froisses le paquet de pop-corn, formant ainsi une boulette, que tu enfonces dans le tuyau. Au début, rien ne semble se passer. Puis, au bout d'une minute, la tuyauterie commence à tousser.

KOF ! KOF !

Soudain, une première alarme se met en route, puis une seconde. Panique générale ! Tu as réussi ton coup !

Le Dr Grim reste calme et te dévisage… avant de se mettre à hurler en te pointant du doigt.

– Attrapez le saboteur !

Dix paires d'yeux te fixent. Tu ne cherches même plus à réfléchir et tu ouvres la porte du hangar. Il y aura forcément une issue par là. Tu fonces mais, déjà, un poursuivant est sur le point de te rattraper dans les escaliers métalliques. Vite…

WOUF !

Un flash lumineux t'aveugle et, l'instant suivant, tu es aspiré par le canon et projeté comme un boulet. Pour savoir où tu vas atterrir, rends-toi **page 7**.

C'est étrange… Tu étais persuadé qu'en associant ces deux objets, il se passerait quelque chose. Mais tu n'entends que le bruit du vent dans les branches des arbres et ça, ce n'est pas de ton fait. Il ne se passe rien, mais ce n'est pas grave ! N'hésite pas à retourner au début du livret d'actions pour choisir une autre combinaison, tu finiras par réussir !

Sinon, tu peux reprendre l'histoire en retournant au livret d'aventure.

Carte de visite + **Lunettes de détection**

Tu montres fièrement la carte de visite de Glinara aux extraterrestres, qui l'examinent en détail, et finalement te laissent passer. Tu ôtes les lunettes de protection de ton déguisement pour chausser celles de Rex Dasher. Tu lances la recherche vocale : « Détection colle bleue Therma. »

Tu vois maintenant tout en vert. Les lunettes de l'agent secret analysent chaque capsule à une vitesse fulgurante. Une minute plus tard, tu as celle qu'il te faut.

Hourra, tu as trouvé la colle bleue Therma ! Tu as à présent en ta possession tous les objets pour fabriquer la clé te permettant de rentrer chez toi.

– Il faut tremper la baguette de fée dans la colle bleue Therma pour y fixer le cube dimensionnel, t'explique Rex.

Tout le monde te regarde. Tu t'appliques pour confectionner cette clé dimensionnelle. Ça y est : tout est assemblé et la baguette crépite d'énergie. Tu as dans les mains la clé pour sortir du monde PLAYMOBIL et retrouver le tien. Il ne te reste plus qu'à trouver la serrure où la glisser…

– Viens avec nous, on va t'accompagner à la porte de sortie, te disent tes amis.

Fonce **page 28**.

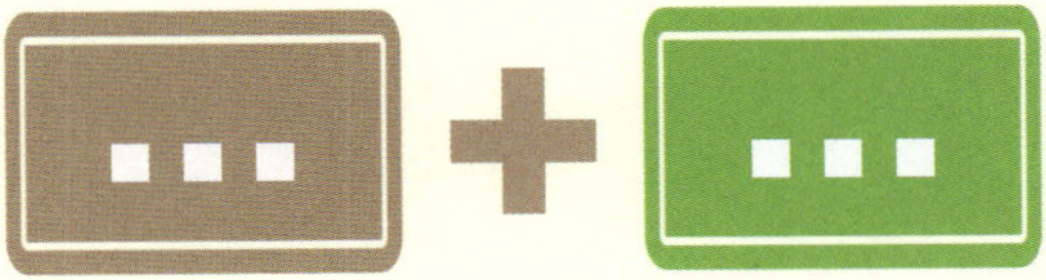

Ça aurait pu être une bonne idée ! Malheureusement, tu as laissé cet objet dans un des mondes précédents… Ce n'était pas la bonne solution mais ce n'est pas grave du tout !

Il te suffit de retourner au début du livret d'actions pour choisir une autre combinaison d'objets, c'est aussi simple que cela. Et, astucieux comme tu es, tu finiras forcément par réussir !

Sinon, reprends l'histoire en retournant au livret d'aventure.

Corde + **Oie géante**

– Parfait ! s'exclame l'oie. Tu peux enrouler cette corde sous mes ailes. Si tu n'as pas peur de te mouiller les pieds, je te tirerai jusqu'à la rive d'en face.

En moins de temps qu'il n'en faut pour le dire, tu fais une boucle avec un des bouts en prenant bien garde de ne pas trop serrer pour ne pas lui faire de mal et, de l'autre, tu t'improvises une ceinture.

C'est mieux que le ski nautique : l'oie fonce à tire-d'aile !

Des gouttelettes te mouillent le visage et vous arrivez enfin de l'autre côté du lac dans un dernier dérapage aquatique. Tu n'as plus qu'à fouiller la forêt **page 11**.

Ça y est ! Tu mets les deux objets ensemble, persuadé que cela va fonctionner…

Seulement, malgré tous tes efforts, rien ne se passe. Ce n'était pas la bonne solution, mais ce n'est pas grave du tout ! Il te suffit de retourner au début du livret d'actions pour choisir une autre combinaison d'objets, c'est aussi simple que cela. Et, astucieux comme tu es, tu finiras forcément par réussir !

Sinon, reprends l'histoire en retournant au livret d'aventure.

Gardien + **Pizza**

Bonne idée. Vous vous approchez du gardien avec votre pizza bien chaude. Puis, vous l'ignorez et commencez à discuter.

– Hé, vous avec la pizza… Filez d'ici… *Grmblgrmbl*.

– Vous en voulez ? proposes-tu au garde affamé.

– Je ne peux pas, je suis en service.

Son ventre gargouille de nouveau.

– Vous êtes sûr ? Parce que, je ne sais pas ce que vous gardez, mais on peut rester devant la porte le temps que vous fassiez une pause-pizza.

– Une petite alors…

Tu lui tends les dernières parts et il en enfourne une, puis une autre dans sa bouche.

– Geu vous laiffe garfer la porte finq minutes. Je refiens.

Vous attendez qu'il tourne dans le couloir et vous entrez dans la prison. Robotitron est déjà prêt à ouvrir la cellule.

Rends-toi **page 27** pour libérer l'espion.

Grille d'aération + **Tournevis**

Bravo, voilà le bon outil ! Vous ôtez les vis et vous vous faufilez dans le conduit d'aération.

Après quelques minutes, vous débouchez par le sol de la prison.

Personne dans la pièce, le garde est toujours à l'extérieur. À l'aide du même outil, vous déverrouillez la porte de la cellule et entrez **page 27**.

Passe de sécurité + **Serrure électronique**

Parfois, la vie d'espion est aussi simple que cela : tu glisses le passe de sécurité dans la fente de la serrure électronique et après un *BIP*, la porte s'ouvre. Tu te retrouves dans une grande salle avec une baie vitrée, qui donne sur un gigantesque canon laser pointé vers l'horizon.

Tu peux désormais te rendre **page 20** pour fouiller la pièce.

ESCAPE

INVENTAIRE

Les objets

Voici la liste des objets et des animaux que tu trouveras dans les mondes PLAYMOBIL. Comme tu as toujours la tablette de Del avec toi, tu peux la consulter quand tu le désires si tu as besoin d'aide durant le jeu. Il y a une petite explication pour chacun.

- **Câble** : Ce gros fil électrique permet d'alimenter des panneaux, ordinateurs et autres machines en électricité. Évidemment, si on le débranche, ça ne fonctionne plus.
- **Carte de visite** : Cette petite carte argentée affiche un hologramme lorsqu'on la touche : « Glinara, professionnelle du crime en tout genre ». Parfait pour impressionner les autres.
- **Corde** : On la roule et la déroule pour attacher des objets, mais c'est aussi pratique pour escalader.
- **Dragon noir** : Cet énorme dragon noir au long cou et à la gueule pleine de crocs est fait de ténèbres nocturnes. Seule une arme brillante comme le jour pourrait le repousser.
- **Épée de cristal** : L'arme favorite des chevaliers, fine et pointue, elle est redoutable et réfléchit très bien la lumière. En plus de cela, sa pointe se plante parfaitement dans le sol, ou les murs…
- **Gardien** : Le gardien est un extraterrestre peu sympathique qui ne quitte presque jamais son poste, sauf pour manger et dormir.
- **Grille d'aération** : Pour que l'air circule dans les bâtiments, des tuyaux très larges sont fermés par ce genre de grille. On peut se promener un peu partout dans les conduits une fois qu'on l'a dévissée.

• **Lunettes de détection :** Encore un super gadget de Rex Dasher. C'est l'objet indispensable pour détecter la colle bleue Therma dans les capsules.

• **Oie géante :** Cette oie bien blanche au bec jaune fait deux fois ta taille.

• **Panneau de contrôle :** C'est aussi complexe qu'un tableau de bord d'avion, avec des lumières, des boutons et des branchements partout, et ça fonctionne comme un gros ordinateur.

• **Passe de sécurité :** Grand comme une carte de crédit, il est décoré du logo du laboratoire. Tu peux le passer devant des serrures, des panneaux de contrôle ou des écrans pour les déverrouiller.

• **Piolet :** Cette mini-pioche est pratique pour escalader des pentes difficiles.

• **Pizza :** C'est rond, c'est plat et c'est bon. Enfin, en général, tout le monde aime ça.

• **Paquet de pop corn :** Ces petites friandises sont faites à partir de maïs chauffé. C'est délicieux, mais ça peut vite devenir bourratif. Ils sont conservés dans un sachet, qui, froissé, forme une boulette. Oh, la boulette…

• **Rayon de soleil :** De jolis traits de lumière solaire qui passent entre les nuages. En général, les monstres ne les aiment pas trop.

• **Serrure électronique :** Au lieu d'une forme de clé, c'est une petite fente où glisser un passe ou un badge pour ouvrir la porte.

• **Tournevis :** Outil pratique pour le bricolage, notamment pour visser.

• **Tuyau :** Ce gros tube permet de transférer des liquides ou de l'air dans les machines. Si ça se bouche, ça occasionne des pannes.

ESCAPE

LIVRET D'INDICES

La tablette de Del

Elle te permet d'obtenir des indices sur les mondes PLAYMOBIL. Tu peux la consulter n'importe quand durant l'aventure si tu as besoin d'aide.

Le laboratoire du Dr Grim

L'une des bases secrètes du terrible Dr Grim est un laboratoire. Elle le dirige d'une main de fer en imposant les tâches de chacun et les heures des repas. Pour passer inaperçu, tu as intérêt à savoir te fondre dans la foule et à aller à la cantine quand c'est l'heure !

Le Dr Grim a toujours un plan machiavélique en cours ainsi qu'un endroit où elle cache des secrets qui peuvent aider à le contrer.

Ici, tu vas devoir endosser un rôle au milieu d'un personnel dévoué à une véritable méchante. Parfois il te faudra aussi observer les chiffres pour trouver les bons codes.

Le monde des fées

Dans ce monde, tu rencontreras les fées, les chevaliers, les dragons et les licornes. Il ne faut pas non plus t'étonner d'entendre les animaux parler : la magie touche tout et tout le monde. Si tu veux réussir les différentes épreuves, il te faudra du courage et de l'honnêteté. Ici, seules la bienveillance et la lumière triomphent des méchants. Un vieux magicien à la barbe blanche a aussi donné un très bon conseil pour voyager dans ce monde magique : « Le chemin le plus rapide n'est pas forcément celui menant à la victoire ! »

La cité dans les nuages

Cette ville est au-dessus des nuages et fonctionne grâce à un large système de conduits d'aération raccordant toutes les pièces. Pratique si on veut se déplacer discrètement mais, pour cela, il faut des outils, car des grilles sont situées à chaque extrémité. La majorité de ses habitants est extraterrestre et, en général, gentille. Sauf Glinara, qui fait régner sa loi à l'aide de ses gardes du corps : dès que quelqu'un la vexe, il est enfermé ou doit lui rendre un service. Mais comme elle n'est pas très gentille non plus avec ses hommes de main, ils n'ont pas le temps de manger et certains se laissent appâter par de la nourriture.

LES RÉCOMPENSES

Tes actions	Tes récompenses
Tu as quitté le monde PLAYMOBIL pour rentrer chez toi !	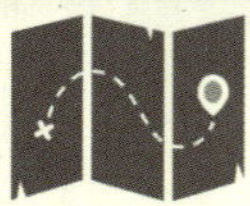
Après le passage à la banque, tu as pris l'avenue principale sans avoir « peur de rien » ?	
Tu as rapporté les épices et les tomates sans te perdre dans Constantinopolis ?	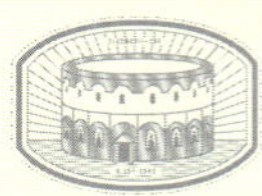
Tu as résolu l'énigme de Rex Dasher ?	
Tu as récupéré l'épée dans le rocher avant de te rendre au pont ?	
Tu as libéré Rex Dasher avant de te rendre à la boutique des capsules d'énergie ?